AF242748

RAPPORT

DE

LA COMMISSION ADMINISTRATIVE

CHARGÉE D'EXAMINER

LA TRANSFORMATION DU DROIT DE SORTIE

EN

D'AUTRES IMPOTS

M. CORNU, RAPPORTEUR

SAINT-DENIS (RÉUNION)

IMPRIMERIE THÉODORE DROUHET FILS

48 — RUE DE L'ÉGLISE — 48

—

1885

306

8° L¹⁹ₖ
306.

RAPPORT

DE

LA COMMISSION ADMINISTRATIVE

CHARGÉE D'EXAMINER

LA TRANSFORMATION DU DROIT DE SORTIE

EN

D'AUTRES IMPOTS

———

Depuis 1881, et sur l'initiative de l'administration supérieure, le Conseil général a été saisi d'un plan de réforme financière dont l'application lui avait paru profitable à l'assiette de nos impôts.

Elle instituait en même temps une Commission administrative et parlementaire chargée d'étudier préalablement le plan proposé. Cette Commission se constitua, prépara son travail en se le distribuant, mais n'aboutit pas, soit par suite de lenteurs, soit que le Conseil, réuni en session, examinant lui-même la réforme dans quelques-unes de ses parties, ne lui laissât plus de raison d'être.

Quoi qu'il en soit, un premier jalon était posé ; le pouvoir exécutif avait fait connaître qu'à son sens, tout n'était pas parfait dans notre système financier, qu'il lui paraissait opportun de le revoir dans la plus grande partie de son ensemble, et d'étudier notamment la substitution d'un impôt foncier à la taxe perçue sur nos denrées d'exportation, à leur sortie de la Colonie.

Un premier coup était donc porté à notre vieil édifice financier ; le reste devait venir du temps, une évolution aussi considérable ne pouvant s'accomplir sans son aide.

En effet, une fois l'attention éveillée, nous voyons l'Assemblée locale se préoccuper de l'assiette de l'impôt et y apporter une première modification profonde en supprimant la contribution personnelle, et la remplacer par des taxes d'octroi représentant, et la part afférente aux communes sur le principal de la contribution supprimée, et la totalité des centimes additionnels qu'elles frappaient à leur profit.

A cette suppression dont nous apprécierons le mérite et l'opportunité à son heure, le Conseil général ajoutait l'invitation faite à l'Administration de lui présenter un projet d'impôt foncier se substituant aux droits de sortie.

Après quelques retards nécessitant en 1883 la réédition du vœu précité, l'Exposé des motifs de 1884 fit savoir au Conseil général qu'un projet de subtitution d'un impôt à l'autre lui serait présenté d'après les études du service des contributions directes, que le rapport de M. le Chef du service était déposé sur le bureau du Conseil, mais que l'on ne pouvait taire qu'en l'absence de tout cadastre, il ne paraissait pas possible à l'administration de lui donner son adhésion, le système des déclarations individuelles préconisé par le service ne lui paraissant pas offrir au Trésor des garanties suffisantes.

Disons rapidement que cette objection ne parut pas suffisante à la Commission du budget, et que le Rapporteur, au cours de la session, se déclara en état de discuter l'application du nouvel impôt pour lequel il ne taisait pas les préférences de la Commission. Il n'en fut rien cependant, et le Conseil décida que le projet serait renvoyé au pouvoir exécutif pour un complément d'études, en même temps qu'il désirait donner à la Chambre d'agriculture, qui s'en était saisie, le temps de l'élaborer.

C'est par suite de cette décision, que notre commission administrative a été instituée le 25 avril dernier, et qu'elle est appelée à examiner, non-seulement la subtitution de l'impôt foncier au droit de sortie, mais encore toutes les autres ressources pouvant s'offrir au budget local.

On peut donc penser que les temps sont venus de faire faire au programme financier de 1881 une étape nouvelle. L'attention du Conseil général ne s'en est jamais détournée ; l'opinion, la presse se sont saisies de l'étude de l'impôt foncier ; la représentation agricole, dans la sphère de ses attributions, s'est prononcée pour son adoption, et les conditions pénibles faites à l'agriculture et à l'industrie sucrière tendent à précipiter la solution.

I

Au seuil de son examen, il a paru opportun à la Commission d'envisager la situation générale du pays, d'en apprécier le véritable caractère, et notamment de se rendre compte du bien fondé des doléances de la Chambre d'agriculture, qui, dans sa séance du 9 avril, vient d'émettre le vœu fortement motivé de supprimer le droit de sortie, à titre d'allégement aux charges sous lesquelles la production succombe.

Sur ce point, il a été malheureusement trop facile à la Commission de reconnaître, à l'unanimité, que l'agriculture et l'industrie coloniales sont arrivées à l'apogée d'une crise dont l'issue ne peut que leur être fatale, si, à bref délai, on ne diminue la part contributive qu'elles fournissent directement à l'alimentation du budget local.

Privée de 1879 à 1884 de la plus value qu'elle obtenait pour la vente de ses traites, perte qui ne peut être estimée à moins de 12,000,000 de francs ; dans l'impossibilité de se procurer les bras nécessaires à ses travaux, par suite de la suppression de l'immigration et ne rencontrant auprès du travail indigène qu'une aide innefficace ; vendant son principal produit à 7 et 8 francs par 100 kil. au-dessous de son prix de revient, depuis trois ans; battue de tous les vents, en un mot, l'agriculture coloniale, source unique de la fortune publique en ce pays, est menacée de disparaître, si l'on ne vient à son secours.

N'hésitant pas à sonder jusqu'au fond la plaie vive qu'elle explorait, la Commission a acquis la certitude que, si un remède énergique et proportionné à l'intensité du mal n'était appliqué d'urgence, on pourrait se demander s'il serait possible à beaucoup de nos habitants de préparer les récoltes à venir.

Aussi, par 4 voix contre 1, la Commission émet le vœu de la suppression du droit de sortie, tel qu'il a été établi par le décret colonial du 7 décembre 1843, et l'arrêté du 27 décembre 1848. Il ne faut pas croire que la voix dissidente ne reconnaisse pas l'exactitude de la situation calamiteuse que nous venons d'exposer; non, elle est avec la majorité sur ce point; il n'y a de divergence d'opinion que sur l'efficacité du remède. A la suppression totale, la minorité d'accord avec le Chef du service des Douanes, préférerait une réduction à 1 % du droit actuel, par crainte de l'impôt foncier entrevu par elle pour suppléer au vide considérable ainsi créé dans le budget, cet impôt lui paraissant de nature à enlever à la production le dégrèvement que l'on se propose de lui accorder.

Cette appréciation n'a pas prévalu. La majorité de la Commission, ayant avec elle l'opinion favorable de M. le Chef des Contributions directes, a pensé qu'il convenait de faire à l'agriculture la remise de la totalité de la taxe.

Il convient donc de voir, dans les motifs qui ont guidé la Commission, le désir hautement avoué d'accorder un dégrèvement à la principale cliente du budget, à celle de qui tout vient, à celle qu'il importe au premier chef de ne pas voir sombrer, dans l'intérêt général du pays. En même temps, il faut y voir un retour à des idées fiscales plus saines ; car, on ne peut le nier, le Législateur de 1843 1848, en ne taxant que les seuls produits exportés, laissant indemnes ceux consommés dans le pays, a sacrifié le principe fondamental de l'égalité devant l'impôt à un intérêt fiscal, à la facilité de perception, que, dans ces conditions inéquitables, sa rentrée présentait.

Ce n'est pas tout. La Commission a obéi à un autre mobile en demandant la suppression de cette taxe ; elle a voulu enlever tout prétexte au refus d'un dégrèvement de nos produits à leur entrée en France. L'arme qui, pendant de longues années, a le mieux servi nos adversaires en France, et notamment les Betteraviers, nombreux au Parlement, c'est le droit de sortie dont la Colonie grèvait les denrées d'exportation. « Comment, disaient-ils, ac- « corder à vos produits la détaxe de distance, alors « que vous les taxez à la sortie ? Commencez par « les exonérer, on verra ensuite ce qu'il convien- « dra de faire. » Vainement il leur était répondu que, dans cette taxe, il ne fallait voir que l'équivalence de l'impôt foncier non-perçu dans la Colonie. Rien n'y a fait, et il n'a pas fallu moins que le remaniement de la législation sucrière, que la loi du 29 juillet 1884 édictant l'impôt sur la betterave, et l'inauguration du régime des primes à la fabrication, pour que le principe, heureusement reconnu de l'identité de traitement, amenât la Métropole à consentir aux sucres coloniaux 12 % de remise de droit à leur entrée en France. En est-il de même de nos autres produits exportés ? Non, nos vanilles, nos cafés sont reçus sur un pied d'identité complète avec les similaires étrangers, mais nous sommes fondés à attendre pour eux de la Mère-patrie un traitement de faveur, d'autant mieux justifié que notre Assemblée locale, dans sa session extraordinaire de 1884, a consenti des taxes différentielles en vue de protéger les produits nationaux à leur entrée dans la Colonie, et qu'elle a formellement stipulé, qu'en retour elle espérait bien un traitement de faveur pour ses produits autres que le sucre.

En demandant la suppression du droit de sortie, la Commission a donc voulu faire disparaître le prétexte qui pouvait empêcher le Gouvernement métropolitain d'accorder un traitement de faveur à nos exportations secondaires, que le Conseil général de 1884 était fondé à lui demander par voie de réciprocité.

II

La Commission, sachant qu'il appartient de réédifier à celui qui détruit, s'est efforcée de faire droit aux justes besoins des services publics, à l'entretien desquels son projet enlevait environ 600,000 francs, moyenne approximative de la recette de l'impôt de sortie depuis trois ans.

Dans cet ordre d'idées, et à l'unanimité, elle a pensé, contrairement à l'avis de MM. les chefs de services des douanes et des contributions directes, que des réductions importantes pouvaient être réalisées sur l'ensemble des services du budget, pensant qu'à l'heure où la fortune privée a diminué dans une proportion considérable, où peut-être même elle a disparu, il était difficile de conserver les dépenses budgétaires des jours heureux. Sans préciser les points qui lui ont paru se prêter le plus à la prise en considération de son vœu, elle n'a pu s'empêcher de remarquer qu'un budget de cinq millions dont près des 2/5 est absorbé par le personnel, doit permettre aisément une économie de 100,000 francs.

La Commission se prend donc à espérer que, comme chacun, depuis la crise redoutable dont le pays est atteint, s'efforce de réaliser des réductions dans ses dépenses générales, ainsi les pouvoirs publics jugeront possible, dans l'intérêt du pays, d'arriver à un même résultat.

III

En second lieu, l'attention de la Commission s'est arrêtée sur les ressources qu'offrirait le rétablissement de la contribution personnelle supprimée en 1882.

Sans apprécier les motifs qui ont décidé de cette suppression, la Commission ne peut s'empêcher de reconnaître que le but poursuivi par la majorité n'était peut-être pas en rapport avec l'atteinte grave portée à notre régime fiscal. En effet, l'allègement des populations pauvres pouvant être considéré comme le principal mobile du Législateur de 1881, il est permis de penser que son objectif était contestable ; car il est de notoriété que cette classe intéressante était depuis longtemps dégrevée chaque année.

En retour, et peut-être sans que, sur le moment, le Conseil général s'en fût rendu un compte suffisant, il exonérait complètement, par le fait seul de cette suppression, toute la population étrangère, nos immigrants, d'une participation légitime, obligatoire même aux charges publiques.

L'Assemblée locale de l'époque a si bien senti que, sur ce point tout au moins, sa décision pouvait être considérée comme défectueuse, que, au cours de la session, nous voyons surgir une proposition tendant à frapper les engagés d'une taxe de résidence et que, pendant celle de 1883, la Commission proposait une taxe des étrangers. Ces contributions, heureusement, furent rejetées par la sagesse du Conseil ; car il était inadmissible que l'on édictât un impôt frappant telle catégorie de contribuables, à l'exclusion de telle autre.

N'est-on pas autorisé à voir dans ces différentes manifestations, l'aveu réel, sinon volontaire et délibéré, des regrets éprouvés par suite de la décision, peut-être un peu trop hâtive, de 1881 ? Nous sommes d'autant plus fondés à penser ainsi que la session de 1883 vit également naître une proposition tendant au rétablissement de la taxe personnelle : elle n'échoua que faute d'une voix de majorité. L'opinion publique y a suppléé, on peut le dire, et chacun désire aujourd'hui voir nos législateurs revenir à la contribution personnelle, si justement appelée capitation, l'impôt de la tête.

Dans notre société égalitaire moderne, cet impôt n'est-il pas l'impôt par excellence, en ce sens qu'il atteint l'homme, son individualité, sans tenir compte de sa situation sociale ; il n'abaisse pas le riche qui le paie, il relève au niveau de celui-ci le pauvre qui l'acquitte. Le législateur métropolitain l'a si bien compris ainsi, qu'il a plié la loi aux facultés du contribuable, en créant les prestations qui lui permettent de s'acquitter en journées de travail sur les chantiers communaux.

En suivant cet ordre d'idées élevées, la Commission a été conduite à examiner s'il ne serait pas opportun de rétablir la contribution personnelle ; elle l'a pensé, et, à l'unanimité, elle émet le vœu de son rétablissement dans les conditions de la législation abrogée en 1881, sauf toutefois en ce qui concerne le partage du principal avec les Communes, la totalité du produit devant rester affecté au Service local.

Cette affectation de la totalité du principal au budget local se justifie en ce sens, que les surtaxes d'octroi dont jouissent les Communes depuis 1882 ont été établies en compensation de leur part supprimée, à cette époque, sur le principal et des centimes additionnels qu'elles ne devaient plus prélever.

Tableau des recettes de la Contribution personnelle pendant les années 1879-80-81
et tableau des recettes d'octroi en 1882-83-84.

ANNÉES	Part du Service local (2/5 du principal)	Part des Communes (3/5 du principal)	Centimes additionnels	ANNÉES	Surtaxes d'octroi
1879	119.554 »	183.216 »	49.589 »	1882	160.522 »
1880	120.592 »	179.068 »	46.987 »	1883	252.247 »
1881	126.386 »	162.643 »	82.459 »	1884	287.096 »
Totaux.....		524.927 »	179.035 »	Total..	699.865 »
				Subvention de 1883 ...	100.000 »
		703.962 »			799.865 »

Différence en faveur des Communes.. 95.903 »

Les chiffres ci-dessus établissent péremptoirement que, grâce aux surtaxes d'octroi maintenues en leur faveur, nos municipalités trouveront une large équivalence de la perte qu'elles subiront du fait des 3/5 du principal attribués à la Colonie. Leur consentir aujourd'hui un partage constituerait un double emploi.

A présent, que va devenir cette restauration ? Le tableau que nous venons d'insérer ci-dessus établit que la moyenne triennale du rendement du principal s'élevait en 1881 à 297.153 francs, dans les conditions de désuétude où elle était arrivée au moment de sa suppression, c'est-à-dire si l'on en croit l'honorable M. Revercé, alors que sur 84,000 inscrits, 49,000 seulement payaient l'impôt. Si le Conseil général prend la résolution de rétablir cette contribution, ce ne peut être évidemment dans l'intention de suivre les mêmes errements. On peut donc penser qu'elle devra donner une recette au moins égale dès son début, recette qui ne devra pas tarder à se relever, grâce à la facilité moins grande que les contribuables rencontreront à se faire dégrever.

La Commission a pensé, en présence des 54,000 assujettis figurant sur les listes du service des contributions directes au moment de la suppression de cet impôt, que de ce chef le budget local recevra une recette qui ne peut être inférieure à 300,000 francs.

IV

Poursuivant l'examen des ressources nouvelles pouvant s'offrir à nos finances, la Commission a estimé que le moment était venu de reprendre, en partie au moins, le projet d'impôt sur les valeurs mobilières, soumis au Conseil général de 1881.

A la majorité de 3 voix contre 1, et 1 abstention, la Commis·ion émet le vœu qu'une taxe de 4°/. soit prélevée sur les dividendes payés aux actionnaires ou sur les sommes mises à la caisse de réserve de nos sociétés financières, commerciales ou industrielles par actions, ayant leur siège social dans la Colonie, de même que sur les intérêts payés par les Communes ou la Colonie à leurs prêteurs.

La Colonie trouverait là une ressource nouvelle qu'il serait permis d'estimer à 50,000 francs.

En atteignant le revenu net dans les conditions sus-visées, la majorité de la Commission a pensé qu'il était opportun de lui demander sa part contributive dans les charges fiscales, auxquelles il échappe sous la forme nouvelle recherchée par lui depuis quelques années. On ne peut nier que, depuis dix ans, la richesse publique tend à se transformer. Du sol où la misère des temps lui a fait éprouver des mécomptes, elle se porte volontiers vers le marché des actions de nos sociétés financières. Si le capital concourt encore, sous cette forme, à l'ensemble des intérêts généraux du pays, la majorité de la Commission estime qu'ainsi le capital échappe aux charges et aux risques incombant à celui plus hardi, qui n'hésite pas à se porter vers la terre. Il revêt un caractère plus évident, plus palpable de la richesse, et offre sous le nom de dividendes, d'intérêts une forme plus tangible de la fortune publique, qu'il importe de ne pas exonérer des charges devant incomber à tous.

C'est donc au revenu net de tout repos que la Commission fait appel, en faisant observer qu'elle ne propose l'établissement d'aucune taxe sur les sommes considérables qui figurent dans les bilans de nos établissements de crédit, sous la rubrique « compte courant », elle pense qu'il ne peut appartenir au fisc de prélever une taxe sur cette catégorie de placements dont l'assiette n'est en quelque sorte pas fixée, et dont le revenu est, par cela même, fort modique, le plus souvent.

L'opinion de la Commission n'a pas été unanime sur ce point, la minorité n'a pas admis qu'on pût atteindre le revenu sous une seule de ses apparences. Si c'est le revenu net que la Commission veut atteindre, soit ; car il est permis de penser que c'est l'impôt le plus équitable, le plus juste, celui de l'avenir ; mais, que l'on ne le taxe que sous une de ses formes, l'égalité de répartition, base fondamentale de l'impôt, est viciée. Ensuite, est-on bien certain que le revenu visé, par la Commission, n'ira pas acquitter des taxes quelconques ? Si, sous cette forme, il est le signe évident de la richesse, ne sert-il pas à établir le bien-être qui en est l'apanage ? Dès lors, ne prend-il pas la forme d'impôts de maisons, de voitures, n'acquitte-t-il pas des impôts indirects subis toujours par la fortune en si grande proportion par les besoins multiples qu'elle entraîne avec elle ?

Convient-il en outre, dans un pays réduit au seul capital indigène, si l'on peut s'exprimer ainsi, de le frapper d'une taxe quand on a un si impérieux besoin de son aide ? n'est-ce pas s'exposer à le voir s'expatrier ? n'est-ce pas le moyen le plus efficace d'éloigner le capital métropolitain, dont la venue dans le pays est si désirable ? A coup sûr, ce n'est pas par un impôt à son entrée ici, qu'il peut être invité à venir s'offrir à nous. Ensuite, est-ce bien la richesse que l'on atteindra et ne peut-on pas craindre que nos institutions de crédit, qui après tout ont à se préoccuper de l'intérêt de leurs actionnaires, ne les exonèrent en élevant d'autant le taux de leur argent ? Dans ce cas possible ce n'est pas le porteur d'actions qui paiera la taxe, mais bien l'emprunteur. Est-ce le but que l'on se propose ?

Dans cette voie, il n'y a plus de raison de s'arrêter, toutes les fois que l'on découvrira une forme perceptible du revenu, et de là à une taxe sur les contrats hypothécaires, il n'y a qu'un pas. Dès lors, on peut dire que le jour où il sera franchi, ce der-

nier appui soutenant encore la propriété, en se re-
tirant d'elle, ou en élevant le taux de ses placements, consommera sa ruine.

V

Si l'on veut bien se remémorer le produit des
nouvelles ressources que la Commission estime
pouvoir remplacer le droit de sortie, il est permis de
penser qu'il ne manquera plus à l'Administration
que 200,000 francs au maximum pour parfaire son
budget, la Commission estime qu'il convient de demander cet appoint à un impôt foncier à créer dans
le pays.

La minorité à laquelle est venu se joindre M. le
Chef du service des Douanes repousse complètement
l'adoption de ce moyen. Tout en reconnaissant la
nécessité urgente de dégrever la production coloniale surchargée, elle croit qu'il est possible d'arriver à ce résultat, sans créer un impôt qui lui
cause les plus vives appréhensions. Ainsi, de la loi
sur les tabacs, que ne peut-on attendre, si l'on veut
remanier sérieusement cette législation ? Le droit
de sortie lui-même, ne peut-on le réduire à 1 % sans
le supprimer complètement ? On y trouverait encore les 200,000 francs qui manquent au budget
local pour parfaire son ancienne recette. Mais elle
n'admet pas que l'impôt foncier soit créé dans la
Colonie, au moment surtout où les propriétaires,
ruinés pour la plupart, sont hors d'état de faire
face à une charge semblable, dont le moindre dé-
faut sera la fixité et la rigueur dont le Trésor
usera pour percevoir cette recette. Elle passe en
revue les formalités et les frais qui viendront se
greffer sur le montant du principal impayé, par
suite des malheurs du temps, et craint d'entrevoir,
à bref délai, l'expropriation de la moitié de la Co-

lonie. La taxe du droit de sortie pouvait être lourde, mais elle avait au moins cela de bon que le contribuable ne payait qu'en raison de sa production ; élevée, il ne s'en apercevait pas ; réduite, il était taxé en conséquence. A-t-on l'idée de la situation faite à la propriété au lendemain d'un cyclone enlevant plus de la moitié de la récolte ? Comment alors s'acquitter d'un impôt fixe qui ne tient aucun compte du revenu net, ni des causes multiples qui ont pu le faire disparaître ?

La majorité de la Commission, d'accord avec le Chef du Service des Contributions directes, n'a pas pensé ainsi, et elle émet le vœu par 4 voix contre 1, que l'impôt foncier soit établi dans la Colonie.

Nous l'avons dit en débutant, cette idée n'est pas nouvelle ; depuis 1881, le Conseil général en a été saisi, et, à plusieurs reprises, en a provoqué l'étude ; l'opinion s'en occupe, et la représentation agricole vient d'émettre un vœu tendant à sa création.

La cause dominante qui a retardé l'examen sérieux de cette question, est l'idée venant naturellement à la pensée de nos meilleurs esprits, que, sans cadastre préalablement établi, il n'est pas possible d'appliquer l'impôt dans des conditions équitables. On ne peut taire que cette opinion est fort controversée ; il importe dès lors de projeter la lumière sur cette importante question, dont la solution est liée intimement au relèvement du pays.

Et d'abord de quel poids pèse sur la production la législation actuelle ?

Chacun sait que, en vertu du décret colonial du 7 décembre 1843, et de l'arrêté du 27 décembre 1848, les denrées coloniales sont frappées d'un droit *ad valorem* de 4 %. Chaque mois, une Commission, dite des mercuriales, fixe les cours, et c'est d'après cette estimation que le droit est prélevé lors de l'embarquement de la marchandise. Nous autorisant de l'Exposé des motifs de 1883, qui fixait à 1 fr. 72 cent. par 100 k., la moyenne triennale de la quotité de la taxe, au moment où l'Administration préconisait le changement de ce droit *ad valorem* en un *droit spécifique*, nous pouvons etablir que, l'année 1884 ayant eu des cours inférieurs, la moyenne de cette quotité, pendant 4 ans, est aux environs de 1 fr. 60 cent. par 100 k. Nos calculs seront donc établis sur cette base.

Dans ces conditions que paie au Trésor un hectare de terre ? Prenons trois exemples :

1° L'hectare soumis à une culture semi-intensive, recevant les soins et les engrais que cette méthode comporte, donnera 10 kilos de sucre en moyenne à la gaulette, ou 4,200 kilos à l'hectare : il paiera au Trésor chaque année 67 fr. 20 cent.

2° L'hectare cultivé suivant la méthode la plus répandue dans le pays, c'est-à-dire, soins suffisants, mais partie seulement des cannes recevant les engrais nécessaires, le repos constituant le mode principal de restitution donnera en moyenne 7 kil. 500 à la gaulette, soit 3,150 kil. à l'hectare et paiera au fisc 50 fr. 40 cent.

3° L'hectare auquel les soins et les engrais manquent trop souvent pour diverses causes et dont le rendement ne dépasse pas 5 kil. à la gaulette, soit 2,100 kil. de sucre, acquittera 33 fr. 60 de droit.

Telle est bien la quote-part que l'impôt demande actuellement à l'hectare producteur.

Maintenant pour rendre notre argumentation plus topique, établissons rapidement les différents systèmes de rotation suivis dans le pays ; le monde des affaires et celui des opérations agricoles en saisiront plus complètement la portée.

Supposons un domaine de 400 hectares dans son ensemble, que paierait-il au fisc dans les trois cas que nous venons d'énumérer ?

1° Soumis à une culture semi-intensive comportant des soins et des engrais énergiques restituant ce que chaque récolte enlève au sol, le domaine manipulera par an la moitié de sa superficie et

obtiendra 10 l..... la gaulette, 4,200 kil. à l'hectare, soit pour 2O... hectares 840,000 kil. de
sucre versant au .... 13,440 francs ou 33 fr. 33
cent. par hectare de superficie.

2° Ce même domaine soumis à la rotation la plus
en usage dans la Colonie, c'est-à-dire, demandant
au repos la reconstitution de son sol, n'employant
les engrais que pour une partie de ses cultures,
qui sont d'ailleurs bien soignées, ne manipulera
actuellement que le quart de sa superficie, dont il
retirera une moyenne de 7 kil. 500 à la gaulette,
soit 3,150 kil. à l'hectare, soit 315,000 kil. de sucre acquittant 5,040 francs de droits ou 12 fr. 60
cent. par hectare.

3° Enfin, le cas que nous supposons être celui
d'un domaine dépourvu de moyens d'action suffisants, ne manipulant que le huitième de sa superficie totale dont il ne retirera que 5 kil. à la gaulette, ou 2,100 kil. à l'hectare, soit 105,000 kil., payant
au fisc 1,680 francs ou 4 fr. 20 cent. par hectare.

Ainsi, en 10 ans, le premier domaine aura payé
au Trésor 134,400 francs, le deuxième 50,400 francs,
et le troisième 16,800 francs, chiffres éloquents
qui nous autorisent à conclure que la taxe nous
atteint en proportion directe du travail et des risques encourus. Il en est tellement ainsi que celui
qui laissera les camaras envahir ses 400 hectares,
sera complètement indemne.

Disons encore que l'année où un cyclone de mars
viendra enlever à ce domaine la moitié de sa récolte, il paiera néanmoins au Trésor, dans le premier cas, 16 fr. 66 cent., dans le second, 6 fr. 30
cent., et dans le troisième, 2 fr. 10 cent. par hectare. — Tel est bien le résultat de la législation
actuelle.

Examinons à présent l'impôt foncier tel que la
majorité de la Commission le propose, d'accord avec
M. le Chef du Service des Contributions directes.

La Métropole a édicté la loi foncière, le 3 fri-
maire an VII (23 novembre 1798), mais ce n'est

que les 15-25 septembre 1807 que le cadastre fut réglementé, dans ses principales lignes tout au moins

Catégorisée dans son ensemble, la totalité du sol français y est soumis. Chaque parcelle, préalablement mesurée, voit sa valeur et son revenu net établis selon la moyenne des rendements des quinze dernières années, dont on retire les deux meilleures et les deux plus mauvaises. Dans ces conditions, la quotité annuelle à prélever sur le revenu net étant votée par le Parlement, chaque département est tenu de fournir sa part du revenu foncier.

Commencé en 1807, le cadastre de la France n'a été achevé que vers la fin du Gouvernement de juillet et est, chaque année, l'objet de remaniements constants. On peut se figurer ce que l'ensemble de ce vaste travail a dû coûter à la Métropole, par le temps qu'elle a mis à l'exécuter.

Peut-il être question pour nous d'importer pareil mécanisme ? Tout esprit qui s'y arrêterait rendrait *de primo* la question insoluble. Ce n'est donc pas à ce mode de procéder que la Commission s'est arrêtée. S'inspirant de ce qui se passe aux îles Mayotte et Nossi-Bé, d'une colonisation relativement récente, et de la législation de la Nouvelle-Calédonie se rapprochant encore plus de notre époque, elle a été frappée de l'existence sur ces points français d'un impôt foncier ne s'adressant qu'aux superficies, aux surfaces, sans tenir compte de la valeur du sol, partant de son revenu net.

En effet, par quels moyens apprécier le revenu net de nos pays intertropicaux, et le plus souvent existe-t-il ?

En France, où la terre est le signe évident de la richesse, où l'acquéreur d'un bien-fonds possède non-seulement son capital d'acquisition, mais encore celui de roulement, il est permis d'apprécier le revenu net et de l'atteindre, étant donné que le sol, pour peu qu'il soit soumis à une culture raisonnée, doit rapporter 2 à 3 % à son propriétaire ;

mais dans une colonie, comme les points que nous venons d'indiquer, et dans la nôtre, où jusqu'à présent les différentes mutations de propriété ont été empreintes d'un caractère de spéculation et soumises dès lors à toutes les charges d'une semblable manière d'opérer, est-il permis de songer à apprécier le revenu net ? Nous ne le croyons pas. Considérable, si les circonstances dans lesquelles il se meut sont propices, il peut être réduit ou même négatif, si brusquement intervient une cause fortuite venant détruire une récolte dans sa quantité et sa valeur. Ainsi, de la démonétisation de 1879, qui en 5 années a enlevé 10 à 12 millions à la production, ainsi de la réalisation des 110,000 tonnes de sucre, expédiées tant sur nos marchés métropolitains que sur ceux d'Australie depuis trois ans et qui n'ont pas laissé moins de 5 millions de déficit sur le prix de revient aux expéditeurs, presque tous producteurs ; non, dans les conditions inhérentes à l'économie de notre société coloniale, à l'absence de capitaux, à l'arbitraire qui préside souvent à la marche des affaires humaines ; non, en présence des fluctuations incessantes du marché des sucres, il ne peut être question de l'établissement ici d'un impôt foncier basé sur le revenu net du sol.

Mais il en est tout autrement de ce même impôt reposant sur la superficie. D'une fixation relativement facile, soit par les plans réguliers que la plupart de nos domaines possèdent, soit par les titres des propriétés dont les minutes notariées, les registres de l'Enregistrement rendraient toujours le contrôle possible, il est tout au moins permis de penser que de ce côté il ne peut y avoir de difficultés sérieuses. La Commission n'a donc point hésité à se poser franchement en présence d'un impôt foncier, atteignant la superficie du sol, sans tenir compte de sa valeur, sans se préoccuper de son revenu. Elle a vu dans son projet un impôt rudimentaire, essentiellement transitoire, mais seul pratique, les déclarations qui seront faites chaque année par les inté-

ressés devant former au bout de quelques années
un ensemble de documents qui seuls permettront
d'arriver à l'établissement d'un véritable cadastre.
C'est alors que ceux qui nous suivent, compulsant
les documents que nous aurons contribué à mettre
à leur disposition, feront, s'ils le jugent opportun,
telle modification qui leur paraîtra utile. Commençons par établir l'impôt sur la superficie, dans des
conditions qui peuvent être fixées par quelques
grandes lignes.

Chaque année, les propriétaires seront appelés
dans le premier mois de l'année à déclarer sur des
formules *ad hoc* et délivrées par l'Administration,
la superficie exacte du sol leur appartenant. Ils y
ajouteront leurs cultures avec les superficies qu'elles
occupent et le rendement qu'ils en tirent. Lorsque
besoin sera, ces déclarations seront contrôlées par
une Commission cantonale, qui, de plus, devra établir d'office le recensement des propriétés non déclarées. Une juridiction supérieure statuera sur les
différends qui pourront surgir.

L'impôt, dont le Conseil général déterminera
chaque année la quotité, se percevra sur rôles ; la
rentrée en sera garantie par les privilèges qui assurent au Trésor le recouvrement de l'impôt direct.
Quant aux dégrèvements, ils seront examinés en
Conseil privé.

Dans ces conditions, la totalité de la superficie
du sol de la Colonie est soumise à l'impôt, sauf les
exceptions qui vont être établies. A part les terrains
impropres à toute culture et de nul revenu, qui
seront soumis à une taxe de 0 fr. 25 cent. par hectare, dont les propriétaires pourront s'exonérer en
les reboisant, toutes les terres de l'île seront frappées uniformément de 2 fr. 50 cent. par hectare
au maximum. Les exceptions comportent les forêts,
en vue de la conservation du couvert forestier, sauf
celles livrées à une exploitation commerciale, les
réserves des pas géométriques, les routes et les
rues coloniales et communales, les lits des rivières

et cours d'eau, ainsi que les pentes réservées des ravines, enfin les terres situées au-dessus de la ligne de délimitation des Domaines publics.

Sous le bénéfice de ces réserves, en face de quelle superficie imposable se trouve l'Administration ? Il est bien difficile de l'apprécier sur les notes fournies par ses soins à la Commission, d'après celles qu'elle reçoit chaque année sans contrôle des municipalités. Il résulte toutefois de ces documents que la Colonie présenterait une surface cultivable de 100,000 hectares, et la quotité de la taxe étant fixée à 2 fr. 50 cent., le Trésor se trouverait en présence d'une recette de 250,000 francs, qu'il convient de réduire à 200,000 francs, par suite des erreurs possibles et même probables commises par les municipalités sur les évaluations superficielles, et des mécomptes inhérents à la rentrée de tout impôt nouveau.

En quelques traits fort concis, la Commission vient d'exposer le plan auquel elle a donné son adhésion. Il ne peut lui appartenir de présenter un projet de règlementation ; c'est œuvre administrative : elle s'en tient donc à ce simple exposé.

A présent quelle est la valeur réelle de cette conception ? Sans se faire d'illusion sur la prise que son œuvre laisse à la critique, la Commission la croit douée de vie, pratique dans l'application au début et, de plus, éminemment perfectible avec le temps. Une objection qu'elle n'a pas manqué de se faire, et qu'elle n'a pas cependant jugé opportun de prendre en considération, est celle que peut provoquer l'uniformité de l'impôt atteignant l'hectare de bonnes terres de la même quotité que celles moyennes ou inférieures. Il y a là, à un premier aperçu, un côté choquant qui l'est moins cependant, si l'on veut tenir compte de l'obligation inéluctable où l'on se trouve, pour toutes les causes précitées, de supprimer le droit de sortie, avec sa quotité léonine de 16 fr. 70 cent. environ par hectare, avec son inégalité de répartition, avec son caractère bien défini de taxe sur l'intelligence, l'énergie, l'initiative, le travail, en un met sur toutes les facultés nobles de l'homme, et par contre, de prime à l'absence de ces qualités.

En matière d'impôts, on l'a bien dit, rien n'est bon. La Commission le sait ; elle se borne à en recommander un moins mauvais que celui dont elle demande la suppression.

VI

La Commission croit avoir accompli sa tâche. Elle n'a point celé, dès le début de ses travaux, que l'objectif qu'il lui paraissait opportun d'atteindre d'urgence était l'allègement des charges sous lesquelles la production coloniale succombe. Si elle n'a pas pensé qu'il convînt de lui faire remise du montant total des droits de sortie, elle croit avoir trouvé un mode d'opérer assez efficace pour équivaloir à un véritable dégrèvement. Tant que la quotité de l'impôt ne s'élèvera pas sensiblement, la propriété ne sera tenue qu'à un acquittement, relativement léger, puisqu'on peut croire que la plus-value donnée à ses produits par la suppression des 4 % de leur valeur versés au fisc, lui en fournira les moyens. Ce n'est que dans le cas où cette quotité prendrait une marche ascendante trop accentuée qu'il conviendrait que ses défenseurs, au sein de la représentation locale, rappelassent au besoin qu'en demandant la création de l'impôt foncier, la Chambre d'agriculture de 1885 a émis en même temps le vœu que la quotité maximum ne dépassât pas 5 francs par hectare. Dans ces conditions, la Commission pense avoir mis aux mains des Pouvoirs publics une mesure d'équité et de progrès, qui ne peut, à aucun moment, devenir un instrument d'oppression.

L'Administration supérieure et le Conseil général jugeront-ils comme la Commission, en les ratifiant, que ses propositions lui ont été inspirées par le sentiment bien compris des véritables intérêts du pays ? Elle se plaît à l'espérer.

La Commission approuve le projet par 4 voix contre 1, MM. les Chefs de Service s'abstenant.

<table>
<tr><td>Le Président,</td><td>Le Rapporteur,</td></tr>
<tr><td>E. TROUETTE.</td><td>CORNU.</td></tr>
</table>

Imprimerie TH. DROUHET fils, rue de l'Eglise, 48.

www.ingramcontent.com/pod-product-compliance
Lightning Source LLC
Chambersburg PA
CBHW061618050726
47595CB00007B/3003